AMAZON FBA

Cómo empezar

Introducción

Escuchamos mucho sobre Amazon FBA, pero ¿de qué trata?

Amazon FBA es el sistema de gestión de almacenes de Amazon.

Amazon FBA representa, en la práctica, casi todo el trabajo manual que se requiere para aquellos que administran una compañía de ventas por Internet.

De hecho, Amazon FBA le permite automatizar la administración del almacén, el envío de productos y parte de la actividad de soporte postventa.

El primer aspecto, el cual a menudo es subestimado, es en realidad muy importante. De hecho, Amazon espera de antemano nuestras acciones, ya que se encargará de almacenar, clasificar y subdividir nuestros productos, incluso de naturaleza diferente, con diferentes tamaños y variaciones, con un nivel de organización que para una pequeña empresa es absolutamente imposible de alcanzar.

La segunda ventaja importante, es el envío de los productos. Aquellos que ya tienen experiencia con el comercio electrónico más tradicional sabrán cuán exigente y costoso puede ser este aspecto. Amazon, en este caso, pone toda su red logística al servicio.

De hecho, con Amazon FBA, nuestros productos son accesibles a todos sus servicios, como el envío ultrarrápido en un día, la entrega por el servicio de mensajería de Amazon Logistics y la capacidad de enviar, a un costo muy asequible, más de la mitad de nuestros costos de entrega, brindándonos por lo tanto los beneficios adicionales que hemos descrito.

A esto le agregamos la posibilidad de utilizar la marca Prime que, en Amazon, garantiza el envío completamente gratis a miles de compradores, lo que nos otorga una ventaja sobre la competencia.

El último aspecto, pero no menos importante, es la gestión de parte del proceso de postventa. Amazon, de hecho, se hará cargo de algunas actividades en donde de otra manera se convertiría en un vendedor, como la gestión de devoluciones.

FBA es una opción increíblemente conveniente: ¡FBA nos permite, de hecho, reducir nuestra carga de trabajo y, al mismo tiempo, ahorrar en nuestros costos de administración y envío!

Este libro nace para ayudar a los que parten de cero. De hecho, veremos cómo iniciar nuestra empresa de ventas en línea, principalmente - pero no solo - en Amazon, a través de una serie de pasos simples y efectivos.

Vender en Amazon en Italia y en Europa hoy en día es extremadamente simple y rentable. De hecho, la competencia aún no es tan despiadada y evolucionada como en los Estados Unidos, y esto nos da la oportunidad de crear una marca que pueda ser vendida en Amazon, lo que será difícil de suplantar en el futuro, ya que el número de vendedores y competidores aumenta

Sumario

Introducción 2

El Plan 8

Qué vender 14
   Requisitos de producto perfectos 17
   Investigación de palabras clave 23
   Análisis de la competencia 25
   Análisis de nicho 27
   Crear una marca VS hacer dinero 29

El proveedor 32
   Personalizar el producto 36
   El precio real del producto. 40
   Gestión de tarifas personalizadas 42

Amazon y nosotros 45
   Crear la cuenta de vendedor 46
   Crear el listado 48
      Palabras clave 49
      Foto 52
      Código EAN 54
   Entregando a Amazon 56
   Conseguir la Caja de Compra 58

Lanzamiento del producto 61

Siendo encontrado 63
El algoritmo de Amazon 66
Cómo conseguir clientes 70
Cómo obtener comentarios 71
Gestionando malas críticas 72
Comentarios del vendedor 75
Amazon Advertising 76

¡Repetir! **79**
Cómo (y por qué) crear una marca 80
Dejando el ecosistema de Amazon 81

Renuncia de responsabilidad **84**

El Plan

Antes de comenzar, es esencial tener un plan preciso sobre lo que queremos hacer, cómo queremos hacerlo y hacia dónde queremos llegar.

De hecho, vender en Amazon es un negocio extremadamente rentable. Amazon se ocupa de muchos aspectos de nuestro negocio en nuestro lugar, a partir de la gestión del almacén con Amazon FBA, pero también a través de los aspectos de marketing, gestión de equipos técnicos y mucho más (el sitio de Amazon nunca estará inactivo).

Así que tenemos una plataforma perfecta para empezar a vender nuestros productos. Es una plataforma donde los usuarios van a comprar; es el punto de referencia para comprar productos en línea en cualquier industria, y si podemos estar presentes cuando el comprador está buscando lo que tenemos para ofrecer, los resultados están asegurados.

Para tener éxito en Amazon, primero es necesario comprender cuáles son los pasos para publicar nuestra oferta y vender lo que tenemos para ofrecer. No todos los vendedores, de hecho, logran ganar mucho dinero vendiendo en Amazon: hay sectores en los que la competencia ya es muy fuerte, hay otros sectores altamente monopolísticos, o una vez más, hay sectores que podrían ser dominados pero que el vendedor competente todavía no ha encontrado y explotado.

Por lo tanto, el plan para vender en Amazon se define en estos pasos:

- Identificar el producto a vender.

No podemos simplemente vender lo que nos gusta. A veces sí, pero esta no es la regla.

Así que veremos cómo entender si un determinado producto puede ser barato para vender en Amazon, cuántas ventas podríamos hacer y cuántas ganancias habríamos dejado en nuestro bolsillo.

- Encuentra un stock de productos.

Con Amazon FBA, debemos ser propietarios de los productos que vamos a vender. Por lo tanto, será necesario encontrar el producto a buen precio para poder revenderlo con el máximo beneficio.

Lo que haremos será contactar directamente a las compañías que fabrican estos productos para estar seguros de encontrarlo al mejor precio posible. Veremos cómo entender qué compañías son confiables y cuáles no, cuáles venden productos de calidad y cuáles pueden ofrecer mejores condiciones.

A continuación, procederemos a comprar un lote de piezas, y según nuestros cálculos, veremos cuántos artículos se necesitarán para comenzar, pero generalmente podemos comenzar con alrededor de 100-200 piezas.

Por lo tanto, veremos cómo gestionar el envío, los procedimientos de aduanas y las certificaciones necesarias para importar con total seguridad.

- Publicación en Amazon
Nuestro producto tendrá que estar allí para todos, por lo que tenemos que crear nuestro anuncio en Amazon.

Veremos cómo crear nuestra propia cuenta como vendedor, cómo escribir una buena descripción del producto y cómo atraer la atención de nuestros clientes potenciales.

¡En este punto es esencial tener nuestro stock de productos en Amazon!

Veremos cómo puede registrarse en Amazon FBA, obtener un código de barras EAN y hacer que Amazon se encargue de todo el proceso.

- Lanzamiento del producto
Ya casi llegamos. Tenemos el producto en stock y estamos listos para vender. Sin embargo, nuestro producto se perderá inicialmente entre la competencia.

Veremos cómo hacer para que este se destaque, y cómo obtener revisiones, ventas y visibilidad.

- ¿Qué hacer a continuación?
Después de lanzar nuestro primer producto, será apropiado realizar algunas evaluaciones en el mercado de referencia. De hecho,

podemos ver si es un área en la que vale la pena centrarse, crear una marca de nicho o buscar oportunidades más rentables al agregar otros productos de inmediato.

Qué vender

El primer paso, y la primera dificultad, es identificar un producto ideal para la venta.

Para comenzar, recomiendo invertir en la compra del software, Jungle Scout, que nos permitirá obtener la información que necesitamos antes de comenzar.

Al principio, la compra de software puede parecer superflua - ¡queremos vender productos! - pero es importante comprender de inmediato que la planificación del proceso es incluso más importante que la ejecución.

Si no hacemos bien los primeros pasos, nos arriesgamos a encontrarnos con un stock de bienes que hemos comprado y pagado, pero que no podemos vender o donde nos obligan a hacer una inversión que no podemos permitirnos.

Con el acceso a la aplicación Chrome de Jungle Scount, podremos saber, para cada producto, cuántas ventas recibe cada mes. También nos permite realizar un seguimiento de nuestra competencia mediante el monitoreo de las revisiones, las tendencias de crecimiento o disminución.

La aplicación web, a un precio mucho más alto, nos permite automatizar algunas operaciones. Al principio no es necesario invertir en estas funciones, ya que es suficiente con la aplicación Chrome y algo de imaginación en la búsqueda de categorías de productos.

Por lo tanto, podemos investigar un poco en Amazon, como lo hacemos antes de comprar un producto: la aplicación Jungle Scout podrá decirnos, para cada uno de los resultados de búsqueda, cuáles son las estadísticas de ventas: cuánto se vende este producto, qué es el beneficio mensual generado y cómo se gestionan las ventas, o si nuestro competidor utiliza Amazon FBA o no.

Por lo tanto, queremos encontrar un producto que pueda garantizarnos un beneficio interesante. Consideramos que, en general, en la venta de productos en Amazon podemos esperar un beneficio que oscila entre el 30% y el 50%. Un producto que genera ingresos por 1000 € mensuales, por lo tanto, garantiza un beneficio de 300 € - 500 €.

Requisitos de producto perfectos

En la búsqueda del producto que queremos comenzar a vender en Amazon, usamos la aplicación Jungle Scount Chrome como vimos anteriormente.

Pero, ¿cómo decidimos qué productos vale la pena vender en los millones de anuncios disponibles?

Ahora veamos cuáles son los requisitos para un producto rentable y que no nos dé ningún problema durante la fase de importación y procesamiento.

- El producto debe tener un beneficio interesante. Basándonos en nuestro objetivo, debemos buscar un producto que pueda garantizarnos el beneficio que estamos buscando. Usamos la fórmula que vimos en el capítulo anterior, considerando el peor de los casos: verificamos con Jungle

Scout los ingresos del producto y lo multiplicamos por 0.3. En este caso, calculamos el 30% de los ingresos, que es, desafortunadamente, el beneficio que el vendedor obtiene de la venta de ese único producto.

No es el caso al buscar productos que puedan generar miles de euros cada mes: en estos casos, la competencia es casi siempre implacable, ya que atraen a muchas personas. Un producto que nos puede llevar de 300 € a 1000 € por mes es un buen punto de partida. ¡No olvidemos que una vez que se lanza el primer producto, podemos repetir el proceso muchas veces más para lograr nuestro objetivo de ganancias mensuales!

El producto no debe tener una marca famosa. Veremos de inmediato que algunos productos de grandes marcas venden mucho. Después de todo, los zapatos Nike, iPhone y muchos otros productos, en cualquier industria, se venden gracias a su marca y no a la calidad del producto en sí. No estamos en posición de competir con estas grandes empresas: si Nike vende muchas zapatillas, no es una buena idea comenzar a vender zapatillas. Quienquiera que compre zapatos Nike lo hace por la marca y nunca se convertirá en uno de nuestros clientes, incluso si de alguna manera hemos logrado ofrecer un producto de calidad superior. ¡No nos compliquemos la vida, no intentemos competir con marcas que son demasiado populares!

- Las dimensiones. Obviamente puedes vender productos de cualquier tamaño en Amazon. Mi consejo, sin embargo, para comenzar, es vender productos pequeños. De esta manera, el envío será mucho más fácil de administrar y los costos se contendrán. Además, Amazon nos cobrará regularmente algunas tarifas que son proporcionales al espacio que ocupamos dentro de su almacén; ¡Así que intentemos tener una gran cantidad de productos pequeños!

- El coste del producto. Aunque no es un verdadero discriminante, si empezamos con un presupuesto limitado, no vale la pena considerar productos que son demasiado caros. Se puede encontrar un buen producto de 20 a 100 €, del proveedor, en cifras relativamente bajas. Esto nos permite hacer pedidos más grandes y disfrutar de tarifas más baratas, de personalizaciones y será muy útil para negociar con el fabricante. De hecho, algunas fábricas aplican un MOQ (cantidad mínima de pedido), por ejemplo, estableciendo no vender a aquellos interesados en comprar cantidades de piezas que son demasiado pequeñas.

El pedido en grandes cantidades también nos beneficia desde el punto de vista del envío: el costo obviamente depende del peso y el volumen del paquete, pero no es proporcional, y nos costará menos un envío con muchas piezas en comparación con muchos envíos con algunas piezas.

¡Todas estas precauciones nos ayudarán a ahorrar algo de dinero que luego caerá en nuestro margen, y con cantidades importantes, lo cual puede hacer la diferencia!

- Requerimientos de seguridad. Dado que no queremos tener problemas en la aduana, es recomendable evitar ciertos tipos de productos que requieren certificación y mantenimiento de un tipo en particular. Por ejemplo, las baterías podrían ser una fuente de peligro, explosión y otros problemas, por lo que requieren advertencias especiales durante la importación. En general, si es posible, sería mejor evitar elegir productos que usen electricidad, esto para eliminar el

100% del riesgo de cualquier problema, incluida la seguridad del comprador. De la misma manera, evitamos la importación de productos cosméticos, como cremas, maquillajes, máscaras y otros materiales que estarán en contacto directo con la piel de las personas. Obviamente, no es recomendable elegir productos alimenticios o que podrían ser peligrosos para categorías particularmente débiles, por ejemplo, productos para recién nacidos, a menos que estés extremadamente seguro de la calidad de los materiales utilizados.

Finalmente, para cualquier producto, asegúrate de que exista la marca CE y que la empresa tenga una certificación emitida por un organismo autorizado.

Investigación de palabras clave

Ahora sabemos qué producto vender. Pero todavía no sabemos cómo venderlo.
¿Cuál es la diferencia?

Solo piensa en cómo estamos acostumbrados a comprar en Amazon. Accedemos al sitio web, escribimos las palabras clave para nuestro producto y, básicamente, compramos uno de los primeros resultados de la lista.

Este proceso introduce un factor humano muy importante: la investigación de palabras clave. Se puede encontrar un determinado producto con muchas combinaciones diferentes de palabras clave, por lo que es prácticamente seguro que, al menos una de estas, esté poco dominada por la competencia.

Tenemos que decidir algunas de las palabras clave para utilizar en nuestro producto. Muy a menudo es conveniente ser específico, pero no demasiado. Intentamos investigar un poco para evaluar con cuál de estas palabras clave la competencia es más débil: el rango en la clasificación más baja, menos revisiones o evaluaciones negativas, o simplemente si hay palabras clave para las que los productos están mal optimizados, por ejemplo, para los que la palabra clave no aparece en el título del producto.

Todos estos elementos son debilidades de la competencia, que podemos utilizar para nuestra ventaja para hacer que nuestra lista sea más fácil de encontrar y superar, y para que en algunas búsquedas específicas, los resultados ya estén presentes en ese momento.

Análisis de la competencia

Analizar la competencia es fundamental: de hecho, es muy fácil encontrar sectores altamente rentables. Menos fácil, sin embargo, es poder ingresar exitosamente a estos sectores de productos.

De hecho, los sectores más simples y rentables ya están saturados por otras personas que han comenzado a hacer este trabajo durante años, o que han creado una marca con fuertes inversiones. Definitivamente no queremos competir con otras empresas que son demasiado grandes: estamos buscando una inversión segura y duradera en el tiempo.

Por lo tanto, evitamos, como hemos visto, las marcas más grandes y famosas, porque hay muchas ocasiones en las que la marca vende, no el producto.

También verificamos la cantidad de opiniones de los competidores: si todos los productos en la página principal tienen más de 100 reseñas y todas son positivas (4 estrellas o más), será muy difícil destacar en poco tiempo.

Finalmente, verificamos si la competencia utiliza Amazon Prime. Aunque el sistema logístico ya está muy extendido, ¡encontrar un sector de nicho en el que Prime todavía no se use, puede darnos una gran ventaja!

Del mismo modo, los competidores con fotos de mala calidad, títulos o textos mal escritos con poco detalle, desorganizados o incluso traducidos de forma automática, pueden indicar un sector que aún está poco superado y que podemos dominar con nuestros productos.

Análisis de nicho

Habiendo identificado un solo producto para vender, ya podemos empezar a pensar en el futuro.

No queremos dejar de vender un solo producto, por lo que, en las próximas semanas, nos encontraremos en condiciones de querer ampliar nuestra oferta.

Podemos considerar la posibilidad de convertirnos en minoristas especializados en un sector específico. Esto nos dará la oportunidad de utilizar la misma marca para todos los productos, creando una marca real que, con el tiempo, será reconocida por personas interesadas en nuestro nicho de mercado.

Para evaluar esta posibilidad, una vez que se ha determinado el primer producto, procedemos con el mismo mecanismo para evaluar otros productos similares. Deberíamos analizar al menos 10-20 productos en el mismo mercado, con diferentes variaciones. También podemos considerar alejarnos del sector específico, pero no demasiado: si vendemos cables para teléfonos inteligentes, podemos vender cargadores, luego ir a las cubiertas y, finalmente, a los puestos. Por lo tanto, nos convertiremos en una marca de accesorios para teléfonos inteligentes, y no solo para cargar cables; sin embargo, no tendría sentido entrar, con la misma marca, por ejemplo, en el mercado de la moda.

Crear una marca VS hacer dinero

Ahora surge una pregunta difícil: ¿vale la pena crear una marca?

Puede parecer una pregunta estúpida con una respuesta difusa, pero no lo es. Durante el análisis del sector, notaremos la presencia de muchos productos rentables, pero con ganancias mensuales que no nos satisfacen.

Veremos, por ejemplo, que con la misma inversión, podríamos obtener mayores ganancias al comenzar a vender un producto en particular que está fuera de nuestro mercado de referencia, en lugar de otros que serían compatibles con el sector, pero con menores ganancias.

En este punto, surge un dilema importante: ¿preferimos crear una marca que perdure en el tiempo o nos centramos en vender productos de alta rentabilidad?

Esta es una elección extremadamente personal y la decisión depende de nosotros. Por un lado, podemos lograr rápidamente rendimientos y ganancias mucho más rentables; por otro lado, con una marca, creamos valor a lo largo del tiempo.

Si somos dueños de una marca, podemos movernos a lo largo de los meses y años, moviendo nuestro negocio en un comercio electrónico gestionado directamente por nosotros, reduciendo así nuestra dependencia de Amazon a largo plazo.

Además, una marca que se vuelve muy famosa en Amazon también puede tener la oportunidad de ingresar al mundo del comercio minorista clásico, a través de acuerdos con grandes minoristas.

Todo esto se reduce a una pregunta: ¿queremos que la mayor ganancia sea posible ahora, o queremos que esta actividad evolucione con el tiempo en algo más grande?

El proveedor

Ahora proceda con la búsqueda de un proveedor para el producto. El propósito de este capítulo es comprender cómo podemos encontrar una empresa capaz de crear y enviar el producto que hemos decidido lanzar.

El punto de referencia para este tipo de actividad es Alibaba, un vasto directorio donde las empresas chinas están presentes para que las encuentren los clientes comerciales como nosotros.

Luego vamos a alibaba.com y, a través de la investigación, encontraremos varias compañías que venden el producto que nos interesa, a precios generalmente muy similares.

En este punto, debemos informarnos sobre cada una de estas empresas para poder comprender, entre ellas, a las que vale la pena contactar para iniciar una colaboración.

Luego entramos en la página del producto. En este punto, podemos ver cuánto tiempo está activa la empresa, cuánto factura, su historial de ventas en Alibaba y cualquier comentario, o cualquier otro producto en nuestro sector de interés.

Por lo tanto, evaluamos cuál de estas compañías parece más sólida: un historial más largo de actividad y una gran cantidad de productos similares indica que es una fábrica y no un mayorista, y que es una compañía estable en la que podemos confiar.

A menudo, las fotos y la descripción del producto en Alibaba no son de la más alta calidad: no nos dejemos engañar, esto no es un portal de ventas minoristas, por lo que tenemos que acostumbrarnos a un servicio que está menos dirigido a las ventas directas.

También veremos que, muy a menudo, no se indican precios definidos sino un rango aproximado del costo del producto.

Las empresas hacen esto porque el precio depende de la cantidad que queremos comprar, de cualquier personalización y de muchos otros aspectos que estableceremos directamente con el productor.

Solo tenemos que contactar con la fábrica: desde el primer mensaje le solicitamos las cantidades mínimas para el pedido, la posibilidad de personalización, tal vez con la impresión de nuestro logotipo en el producto, los tipos y los costos de cualquier embalaje, la presencia de certificaciones CE y la preparación de la empresa para preparar un paquete que se enviará directamente a Amazon FBA. Lo examinaremos con más detalle en los siguientes capítulos. Sin embargo, especialmente al principio, no es esencial que nuestro proveedor realice esta preparación directamente.

Personalizar el producto

Ahora pasemos a la personalización del producto que hemos decidido vender. ¿Qué entendemos por personalización? En el 90% de los casos, es simplemente la adición de nuestro logotipo a un producto existente (etiqueta privada).

En este caso, solo necesitamos diseñar un logotipo simple con una marca de nuestra invención, y entregarlo al proveedor antes de la producción. Si queremos un trabajo de calidad a un buen precio, podemos confiar en Fiverr, donde encontraremos gráficos dispuestos a dibujar nuestro logotipo en cifras realmente convenientes.

La personalización del producto generalmente no es gratis. El costo dependerá del área de impresión, de la complejidad de nuestro logotipo y, dependiendo de la tecnología utilizada, podría aumentar si decidimos imprimir un logotipo en varios colores.

En muchos productos, en realidad, un logotipo monocromático y muy lineal es suficiente: no queremos decorar el producto o hacerlo más atractivo, solo lo distinguimos de la competencia y hacemos que el comprador entienda que no está comprando un producto genérico, pero sí una marca verdadera - si realmente será así, ¡dependerá de nosotros!

Otras personalizaciones más avanzadas pueden ser la creación de un producto con colores no estándar, por ejemplo, cambiar el color de las piezas de plástico de un producto es una excelente manera de distinguirnos.

Finalmente, un aspecto que no debe ser subestimado es el del empaque. De hecho, es cierto que el comprador compra el producto, pero el empaque puede marcar la diferencia, mentalmente, entre un producto de baja calidad y uno de calidad superior. Por lo tanto, si los costos no son exagerados, siempre intentamos personalizar el empaque con nuestro logotipo y, a toda costa, evitamos los textos y las marcas chinas, lo que dará la idea de un producto de mala calidad. Recuerde que el empaque se usa para trabajar en estética y apariencia, así que no tenga miedo si, a pesar de la poca utilidad práctica, estamos gastando un 10% - 20% más que el precio presupuestado, para brindar al usuario una experiencia más agradable al momento de desempaquetar.

Incluso con respecto a la personalización, los costos tienden a disminuir considerablemente a medida que aumentan las cantidades pedidas. Entonces, si tenemos un presupuesto limitado, recomiendo elegir personalizaciones simples para no pesar demasiado en el total.

El precio real del producto.

En este punto, debemos saber cuánto cuesta el producto, incluida la personalización y el embalaje. Por lo tanto, tendremos un precio para la compra de la cantidad de productos, que debemos dividir por la cantidad de productos para obtener el costo unitario.

¿Por qué este pasaje? A menudo, la personalización incluye la construcción de matrices, almohadillas u otros sistemas que son gastos fijos, por lo que el fabricante nos dará un precio por pieza y un total, que será el mismo para imprimir 100 o 100 mil piezas.

Una vez que haya llegado a este punto, debemos considerar los costos de envío. El método más rápido es preguntar directamente a nuestro proveedor: lo más probable es que tenga tarifas preferenciales para el envío con mensajeros internacionales, generalmente DHL o FedEx.

Otro aspecto a considerar son los aranceles aduaneros. Esto es muy difícil de predecir porque los agentes de aduanas a menudo estiman un valor para bienes que es mayor que el valor real. Por lo tanto, siempre recomiendo considerar gastar un 35% más que el precio total que pagamos.

La fórmula para calcular nuestro costo unitario es, por lo tanto, la siguiente:

(coste del material + personalización + envío) * 1,3 / total de piezas

Gestión de tarifas personalizadas

Si compramos para vender en Italia, no encontraremos problemas particulares en el proceso de envío y despacho de aduanas.

Una vez que los productos estén listos para su envío, de hecho, el fabricante nos informará el código de seguimiento que podemos usar para rastrear el viaje del producto desde China a nuestra casa.

Un envío expreso desde China toma alrededor de 3-4 días hábiles, ¡así que preparémonos para recibir el paquete!

Con algunos correos, si especificamos nuestro número de teléfono, recibiremos un SMS para el pago de los derechos de aduana. Estos se pagarán por adelantado directamente en línea, pagando con tarjeta de crédito o PayPal.

Recuerde imprimir el recibo que se enviará al mensajero para demostrar el pago realizado.

Alternativamente, también podemos entregar efectivo directamente al mensajero, quien entregará el paquete solo después de recibir el pago.

Las cosas son más complicadas si decidimos vender en el extranjero, especialmente fuera de la Unión Europea: recibir el paquete en nuestra casa y luego enviarlo de vuelta a los EE.UU. o Canadá es particularmente oneroso, ya que estaríamos pagando el doble de los costos de aduanas, además con el envío internacional se duplicaría aún más.

En este caso, la solución más directa es hacer que nuestro fabricante envíe directamente al almacén de Amazon. Sin embargo, esta solución requiere varias medidas: el fabricante debe poder, de hecho, preparar productos para la venta en Amazon, con el procedimiento que veremos a continuación. Además, será necesario pagar por adelantado los costos de aduana, para no tener el paquete bloqueado en un país extranjero, con los consecuentes problemas de gestión no indiferentes.

Siempre que sea posible, especialmente para aquellos que están empezando, es necesario obtener experiencia en Amazon Italia o en otros países europeos, antes de pasar a otros mercados más amplios.

Amazon y nosotros

¡Estamos progresando!
Ahora sabemos cómo encontrar el producto para vender de manera rentable y cómo comprarlo a bajo costo para obtener el mejor resultado.

¿Lo que falta? Obviamente para venderlo tenemos que estar en Amazon.

En este capítulo veremos cómo convertirse en vendedor en Amazon, cómo crear el listado para nuestro producto y cómo enviar nuestros productos, listos para la venta, a las tiendas de Amazon para que se los envíen directamente desde ellos.

Crear la cuenta de vendedor

El primer paso para crear nuestra relación con Amazon es, obviamente, registrar nuestra cuenta como vendedor.

Este procedimiento es relativamente simple: accedemos al sitio sellercentral.amazon.it y seguimos los pasos para registrar nuestra cuenta como vendedor.

Amazon nos preguntará si queremos registrarnos como una cuenta profesional o personal: elegimos el perfil profesional, con un costo mensual fijo. El perfil personal, de hecho, no le permite al vendedor ganar la Caja de Compra, y por lo tanto, no podremos competir en la venta de nuestro producto, porque perderemos mucha visibilidad mientras trabajamos correctamente en todos los demás puntos.

Una vez creada la cuenta, se activará de inmediato. Amazon nos pedirá que verifiquemos los datos, y luego le haremos que tenga un documento de identidad y un certificado para probar la dirección de residencia, como puede ser una factura o un certificado de residencia emitido por el municipio.

No será necesario esperar la verificación de los datos: muy a menudo, de hecho, ya podremos vender en Amazon tan pronto como nos hayamos registrado.

Crear el listado

Ahora estamos listos para crear lo que quizás sea la parte más importante de todo nuestro proceso de ventas: la página del producto.

El propósito de la página del producto es convencer al visitante para que se convierta en comprador, y esto es posible con una descripción y calidad detalladas, con fotos bien hechas y una lista de puntos efectiva.

Además, es esencial utilizar en la redacción de la descripción y en el campo apropiado en la página de creación del producto, las palabras clave para las que queremos optimizar nuestro producto, es decir, las palabras clave que, cuando el usuario ingresa en la búsqueda, lo llevará a ver y comprar el producto que proponemos.

Palabras clave

Según nuestra industria, es apropiado identificar algunas palabras clave que el usuario quiera buscar para encontrar nuestro producto.

Para simplificar la clasificación, es una buena idea considerar palabras o frases relativamente largas, por ejemplo, "billetera de cuero azul" es una palabra clave mucho más efectiva que "cartera".

Este enfoque de dichas palabras clave largas nos permite identificar con mayor precisión nuestro producto y nos ayuda a lograr resultados más rápido y con menos esfuerzo.

De hecho, obviamente sería preferible aparecer en la primera página entre los resultados de la palabra "cartera", porque también nos encontrarán aquellos que no busquen específicamente una billetera de cuero azul. Sin embargo, también estaríamos compitiendo con vendedores de otros tipos de carteras, que a su vez serán optimizadas para sus palabras clave específicas individuales, pero aún están en la portada incluso con las palabras clave más generales gracias, en general, a los buenos resultados de ventas que han mostrado.

Entonces, comenzamos a ser muy específicos: comenzaremos a obtener las primeras ventas, lo que nos brindará más visibilidad. Amazon tiende a recompensar los productos que se venden y, por lo tanto, a ser más fáciles de encontrar, incluso con palabras clave menos específicas.

Esto crea una reacción en cadena que, en poco tiempo, si trabajamos adecuadamente, puede lograr resultados realmente importantes y una clasificación envidiada por nuestros competidores.

Recuerde también que la clasificación de una palabra clave larga sigue siendo importante en sí misma: en Amazon se realizan millones de búsquedas todos los días, por lo que incluso si seleccionamos las palabras clave específicas, podremos venderlas a los usuarios que buscan un producto tan específico

Foto

La primera impresión en nuestro producto es obviamente dada por las fotos que publicamos.

En Amazon, la práctica es no usar fotos emocionales o el uso del producto, al menos en la foto principal (la que luego aparece en los resultados de búsqueda).

Sin embargo, es importante tomar algunas fotos de alta calidad, luego recortarlas minuciosamente y colocar un fondo blanco.

Si tenemos experiencia fotográfica y usamos Photoshop, podemos usar una pizarra, de lo contrario, sugiero que nos ayude un fotógrafo profesional: las fotos son extremadamente importantes y con fotografías de baja calidad transmitimos un valor bajo para nuestro producto. La impresión en este caso es absolutamente importante.

Para recortar las fotos, si no tenemos experiencia, podemos conseguir ayuda en Fiverr a un costo conveniente.

Código EAN

Para vender en Amazon es esencial que nuestro producto tenga un código EAN. Este es un código único, que se puede convertir en un código de barras para identificar el producto.

Por lo tanto, debemos comprar un código EAN que nunca se haya utilizado para permitir que Amazon identifique nuestro producto. Este código también se utilizará para permitir que el almacén de Amazon FBA reconozca el producto para su envío.

El sitio web oficial para la compra de códigos EAN le permite comprarlos solo en grandes cantidades, más de 300 códigos por compra. Por lo tanto, mi consejo es utilizar un minorista: BarcodesTalk, el cual proporciona códigos de barras en formato EAN y UPC al mismo costo, y también garantiza la singularidad del código entregado.

Un código cuesta alrededor de $ 5, pero obtiene descuentos muy importantes al comprar más de uno.

Así que vamos a usarlo en la creación del listado, y también vamos a mantener el código de barras a mano: lo necesitaremos en el siguiente paso.

Entregando a Amazon

Ya casi llegamos: nuestro listado está activo, pero el inventario está vacío.

¿Cómo proceder? Simple, debes enviar a Amazon los productos que queremos vender.

Para continuar, simplemente siga el procedimiento para reabastecer el inventario que encontraremos en Seller Central: Amazon le preguntará:

- ¿Qué productos queremos enviar?
- Cuantas unidades estamos enviando
- Dimensiones de la unidad.
- Dimensiones de todo el paquete.

Más tarde se nos dará la oportunidad de aprovechar el servicio de empaquetado de Amazon, por lo que seleccionamos, al menos al principio, la opción que dice que el vendedor gestionará la preparación de los productos.

¿En qué consiste esta preparación? Simple: es necesario marcar cada unidad con el código de barras EAN del que hablamos en el capítulo anterior.

Por lo tanto, utilizamos etiquetas adhesivas impresas con el código de barras que hemos comprado y las aplicamos individualmente en cada unidad. Los operadores de Amazon FBA escanearán cada código de barras antes del envío, por lo que es esencial que coincida con el indicado en la creación del producto en Amazon.

Una vez que el paquete ha sido preparado, podemos decidir enviarlo a Amazon mediante el acuerdo con UPS, que garantiza la entrega en muy poco tiempo. El mismo Amazon nos proporcionará la burbuja que se aplicará en el paquete para el envío.

Conseguir la Caja de Compra

En primer lugar: ¿qué es la caja de compra? ¿Alguna vez ha notado que muchos artículos a la venta en Amazon están disponibles para la compra de diferentes vendedores en el mismo listado?

Uno de estos es ventajoso, porque si el usuario no abre la página de comparación entre vendedores, comprará más rápidamente a través del botón "Agregar al carrito" o la compra en un clic directamente del comerciante. Amazon establece quién es el vendedor que tiene acceso a esta vía rápida gracias a la asignación de la caja de compra.

Por lo tanto, obtener la caja de compra nos permite multiplicar nuestras oportunidades de venta.

Por defecto, si tenemos una cuenta profesional y vendemos un producto de marca privada, es muy probable que podamos comprar la caja de este producto debido a la falta de competencia; sin embargo, es posible que nos encontremos en el futuro para vender productos genéricos, también disponibles para terceros: en este caso, el vendedor con la caja de compra obtiene más del 90% de las ventas relacionadas con el producto.

El algoritmo para la asignación del cuadro de compra no se conoce, pero Amazon tiene en cuenta estos parámetros:
- El precio del producto.
- La fiabilidad del vendedor.
- La presencia de Prime Service.

Entonces, si nos encontramos compitiendo por la caja de compra de un producto que no tiene el servicio Prime, podemos aprovechar la competencia simplemente siguiendo lo que vimos anteriormente: en lugar de enviar el producto, organicémonos para explotar Amazon FBA; nos encontraremos vendiendo muchas más unidades y, al mismo tiempo, ahorraremos tiempo y dinero en el envío.

Enfatizamos una vez más lo importante que es tener una cuenta profesional para la venta en Amazon: los vendedores privados, de hecho, no tendrán acceso a ninguna situación de caja de compra, incluso si fueran los únicos vendedores de un producto determinado.

Lanzamiento del producto

¡Ya estamos llegando! Nuestro producto está en Amazon, sabemos que tiene un potencial de ventas, solo necesitamos ... la venta.

El lanzamiento del producto es un procedimiento fundamental: como veremos, Amazon tiende a recompensar a los productos más vendidos; después de todo, ¡el propósito de Amazon es vender!
Con un lanzamiento bien organizado, podemos tener un impulso inicial en las ventas que nos llevará a aumentar en el ranking de Amazon y luego permanecer en una buena posición gracias a la visibilidad obtenida.

Primero veremos cómo encontrarnos en Amazon gracias a la investigación orgánica, después de descubrir cómo funciona el algoritmo de Amazon y cómo trabajar para obtener el resultado que deseamos.

Este último paso requerirá una mayor inversión en términos económicos y de tiempo: el lanzamiento de un producto, de hecho, tiene un costo; pero si trabajamos de la manera correcta, la visibilidad que obtenemos a cambio es un activo real que nos permitirá vender el producto, para siempre, convirtiéndolo en un ingreso automático real.

Siendo encontrado

En Amazon, las formas de ser encontradas son principalmente tres:
- Investigación orgánica

Cuando el usuario ya sepa lo que está buscando, iniciará sesión en Amazon y escribirá en el campo de búsqueda las palabras clave para encontrar el producto que necesita.

Debemos aparecer entre los resultados de búsqueda. Como ya hemos visto antes, este trabajo se vuelve mucho más sencillo si decidimos comenzar con palabras clave largas o "frases" formadas por palabras clave muy específicas.

Un buen posicionamiento orgánico es la solución ideal para vender en Amazon a largo plazo, pero no siempre es fácil de obtener.

- El ranking de los más vendidos.
Si nuestro producto funciona particularmente bien, será posible aparecer entre los productos más vendidos en la categoría.

Estar en la lista de los más vendidos proporciona una prueba social importante para nuestro producto, y esto aumentará las ventas. Además, una mayor visibilidad para los visitantes del ranking traerá más vistas a nuestro producto.

- Listados de PPC
El último método para llegar a clientes potenciales en Amazon es el de la publicidad con Amazon Advertising.

¿Cómo funciona?
El mecanismo es simple, y es muy similar al de Google Ads o la publicidad en la mayoría de los motores de búsqueda: Amazon nos

preguntará qué palabras clave queremos que aparezcan, cuál es nuestro presupuesto para cada visita obtenida de una palabra clave específica, y posicionaremos con una calificación preferida dentro de los resultados de búsqueda.

Generalmente, si hacemos una búsqueda en Amazon, encontramos que los primeros 2-3 resultados de cada búsqueda son productos patrocinados, y solo entonces llegan los productos con un buen ranking orgánico.

El algoritmo de Amazon

Amazon A9 es el algoritmo que ajusta los resultados del motor de búsqueda de Amazon.

Cuando un usuario accede al sitio para insertar una cadena y obtener la lista de productos relacionados a cambio, de hecho consulta a Amazon A9 con las palabras clave de su interés.

¿Cómo funciona el algoritmo A9?
Tiene en cuenta diferentes aspectos para cada producto, a saber:

- Las palabras clave. Como podemos imaginar, la presencia de las palabras clave es prácticamente obligatoria para aparecer en los resultados de búsqueda. Si este no fuera el caso, sería absolutamente imposible para el cliente obtener un resultado consistente con la investigación realizada.

Sin embargo, no todas las palabras clave se tratan de la misma manera: cada producto tiene un peso diferente para palabras clave diferentes. Imagínese, de hecho, buscar un control remoto universal en Amazon y obtener 10 resultados.

Si todas las personas que buscan un "control remoto universal" terminan siempre haciendo clic en el tercer resultado, Amazon lo interpreta como un producto mucho más inherente que las otras dos palabras clave "remoto" y "universal"; esto hará que nuestro producto aumente en los resultados de búsqueda para esas palabras clave.

Por lo tanto, cuantas más visitas recibamos en nuestro producto después de una búsqueda específica, nuestro producto ganará más peso en comparación con esas palabras clave.

- Las ventas. Amazon quiere vender y beneficia a los productos que aportan dinero al vendedor y a sí mismo.

Por lo tanto, es fácil comprender que el algoritmo de Amazon A9 conduce a más productos de exhibición que se pueden vender más fácilmente.

Si, mientras se mantiene relacionado con las palabras clave de búsqueda, hay un producto que vende mucho más que la competencia, esto tenderá a aumentar en los resultados de búsqueda.

A su vez, el hecho de subir en los resultados de búsqueda garantizará una mayor visibilidad de nuestro producto, lo que conducirá a un mayor aumento en las ventas. Esto crea una reacción en cadena que podría llevar a nuestro producto a disfrutar de una posición particularmente ventajosa y muy difícil de superar.

-Los comentarios. El último aspecto tomado en consideración por el algoritmo de Amazon son las revisiones.

De hecho, un producto con muchas críticas positivas es, por supuesto, de buena calidad. Debido a que Amazon se enfoca en la experiencia de uso y satisfacción del comprador, la calidad del producto es absolutamente esencial.

Tratamos de obtener nuestras primeras revisiones de cinco estrellas para aumentar dramáticamente nuestra tasa de conversión; De esta manera, será más fácil aumentar los clics en nuestro producto y ventas, con ventajas también para las otras dos métricas que vimos hace un momento.

Cómo conseguir clientes

El primer paso para comenzar a obtener tracción es, por lo tanto, obtener las primeras ventas.

Viral Launch es un portal que permite patrocinar nuestro producto a miles de clientes de Amazon que buscan descuentos y ofertas especiales para compras.

A través de Viral Launch, por lo tanto, podemos ofrecer un fuerte descuento a nuestros primeros compradores. En esta etapa no estamos interesados en ganar: queremos aumentar nuestro ranking tanto como sea posible para obtener ventas completamente automáticas en los próximos días.

¡Así que registrémonos en Viral Launch y ofrezcamos a los suscriptores una oferta única!

Cómo obtener comentarios

Otra ventaja de tener muchos pedidos son las revisiones, que a su vez nos ayudarán con la clasificación en el algoritmo A9.

Jump Send, un servicio de los creadores de Jungle Scout, le permite automatizar el envío de un correo electrónico que requiere la liberación de comentarios después de la compra; esto puede ser un excelente incentivo que tendremos, al menos al principio, en algunas revisiones.

Sin embargo, tenemos cuidado: no hay garantía de que sean positivos. Por esta razón, es esencial que nuestro producto sea de excelente calidad y se describa con precisión en la página de compra.

Gestionando malas críticas

Las críticas negativas vendrán. No depende de nosotros: incluso los productos de alta calidad tienen malas críticas.

Lo que importa, de hecho, es que el promedio de las críticas es positivo, digamos a partir de las 4 estrellas.

En cualquier caso, es importante saber cómo manejar las críticas negativas porque Amazon les otorga la menor importancia: las estrellas de la calificación general de Amazon, de hecho, no son lineales, y cada revisión tiene un peso diferente sobre el total.

Este peso depende de la relevancia social que cada revisión ha encontrado, por lo tanto, depende de los votos recibidos y de cualquier comentario que se haya hecho a la revisión.

Para minimizar el efecto de las revisiones negativas, por lo tanto, proceda de la siguiente manera:

- Votamos negativamente en la revisión. Simplemente accedemos a la página de revisiones de nuestro producto y presionamos el botón "No es útil" para avisar a Amazon que se trata de una revisión incorrecta con respecto al producto.
- Evitamos comentar con una respuesta. En eBay, comentar sobre los comentarios fue una práctica positiva porque todos los comentarios tenían la misma importancia. En Amazon, es mucho más efectivo ignorar las opiniones negativas que intentar, en vano, justificarse con el comprador que lo dejó.

Al comentar sobre una revisión negativa, de hecho, Amazon vería que la revisión trajo actividad social y, por lo tanto, tendería a hacerla más visible, que es exactamente lo contrario de lo que queremos lograr.

Reportar la revisión. Esta es una función que solo podemos usar en casos muy especiales, por ejemplo, cuando la revisión está relacionada con los retrasos en la entrega atribuibles a Amazon o las opiniones del comprador con respecto al espectador.

Recuerde, de hecho, que el comprador debe revisar la experiencia de uso del producto: si recibe una revisión negativa no relacionada con el producto en sí, podemos informar la revisión porque no cumple con las pautas.

Comentarios del vendedor

Un aspecto decididamente menos importante, pero que no queremos descuidar, es el de los comentarios del vendedor.

Esto indica la calidad de nuestro trabajo en comparación con el servicio que ofrecemos.

A través de Jump Send, también podremos solicitar comentarios de este tipo.

En cualquier caso, los compradores rara vez toman en cuenta los comentarios del vendedor, especialmente si disfrutamos de una caja de compra y el producto que vendemos se envía a través de la logística de Amazon.

Amazon Advertising

El tercer y último método que podemos utilizar para atraer tráfico a nuestro producto y, en consecuencia, a las ventas, es el de las campañas publicitarias con Amazon Advertising.

Este es un sistema de publicidad pagada, que requiere una inversión constante en el tiempo para dar resultados; la operación en la base de todo es muy similar a la que se utiliza para un contenido patrocinado en Google.

En primer lugar, debemos decidir qué producto patrocinar; luego creamos una lista de palabras clave para las cuales queremos que el usuario vea nuestro producto. La ventaja de la publicidad pagada es que podemos tener inmediatamente la visibilidad que otros competidores han luchado para lograr con métodos orgánicos.

Amazon Advertising trabaja con el paradigma de pago por clic - PPC. Esto significa que nos encontramos pagando cada vez que un usuario hace clic en nuestro producto patrocinado, incluso si, obviamente, este clic no conduce a una venta.

Por lo tanto, debemos ser cautelosos y encontrar un equilibrio entre cuándo estamos dispuestos a pagar por un clic y cuál es el margen de nuestro producto: existe el riesgo de perder con los listados de PPC.

Por otro lado, una campaña de PPC puede darnos el impulso que necesitamos para crear un buen ranking orgánico.

En cualquier caso, es absolutamente posible crear una campaña de PPC con un ROI positivo: en ese caso, le aconsejo que lo deje activo indefinidamente para aumentar nuestras ventas.

¡Repetir!

Ya terminamos. Pero en realidad esto es solo el comienzo: ahora que nuestro primer producto está activo, solo tenemos que replicar todo para lanzar un segundo producto, luego un tercero, un cuarto y así sucesivamente.

Cómo (y por qué) crear una marca

Luego llega el momento de pensar en la posibilidad de vincular los productos que queremos vender, ahora y en el futuro.

Con Amazon, de hecho, es posible crear un ecosistema de productos en el mismo sector, para conocer nuestra marca. Si podemos tener una fuerte presencia con algunos productos en un sector en particular, será extremadamente fácil lanzar nuestros nuevos productos con la misma marca: se convertirá, de hecho, en una marca confiable y en un punto de referencia para los compradores en nuestro sector empresarial.

En Amazon, muchas marcas se han convertido en verdaderas marcas de nicho, y se venden como compañías reales, incluso millones de millones.

Dejando el ecosistema de Amazon

Finalmente, podemos evaluar la posibilidad de crear nuestro propio mundo fuera de Amazon.

Sé que puede parecer una mala idea: después de todo, nacimos y crecimos gracias a Amazon, ¿por qué cambiar?

Las razones son diferentes:
- Razón económica: Amazon nos cobra los costos de administrar pedidos que también pueden ser importantes. Esto recompensa abundantemente con la facilidad que tenemos para desarrollar nuestro negocio, pero si llegamos a este punto, tenemos la fortaleza económica para hacer todo nosotros mismos.

- Marca y exclusividad: quien nos compra en Amazon, es un cliente de Amazon.

Esta es una diferencia sutil pero muy importante. Amazon continuará comparando nuestro producto con la competencia, y en Amazon nunca seremos nada más que un producto entre muchos.

Si tenemos en mente una estrategia para crear algo diferente, por ejemplo, una marca más costosa, con una mejor experiencia de compra relativa, es necesario alejarnos de cualquier comparación.

- Amazon no es seguro: si vendemos en Amazon, estamos a su merced. ¡Amazon puede decidir limitar nuestra cuenta, o incluso cerrar toda la categoría o sector en el que trabajamos! En nuestro sitio web esto nunca sucederá.

Por lo tanto, una vez que haya creado una marca real, recomiendo poner en marcha algunas estrategias para tratar de adquirir clientes en nuestro sitio web.

Algunas ideas pueden ser anunciar el sitio web en el empaque de los productos o incluso dejar que aquellos que compran nuestros productos reciban un cupón para gastar en el sitio web.

Renuncia de responsabilidad

Todas las marcas comerciales y los logotipos mencionados en este libro, incluido Amazon, pertenecen a sus respectivos propietarios. El autor de este libro no reclama ni declara ningún derecho sobre estas marcas, que se mencionan solo con fines educativos.

www.ingramcontent.com/pod-product-compliance
Lightning Source LLC
Chambersburg PA
CBHW070439180526
45158CB00019B/1740